Mario Lichtenheldt

Charlie in der Badewanne

Ein Vater-Sohn-Gespräch
über Vorhaut, Phimose und Beschneidung
für Eltern und Jungen ab 6

© 2014 Mario Lichtenheldt
Autor: Mario Lichtenheldt
Umschlaggestaltung: Mario Lichtenheldt
Lektorat, Korrektorat: Dr. rer. nat. Meike Beier, Andrea Schmidt
Verlag: tredition GmbH, Hamburg
ISBN: 978-3-8495-9280-6 (Paperback)
ISBN: 978-3-8495-9281-3 (e-Book)
Printed in Germany

Bibliografische Information der Deutschen Nationalbibliothek:

Die Deutsche Nationalbibliothek verzeichnet diese Publikation in der Deutschen Nationalbibliografie; detaillierte bibliografische Daten sind im Internet über http://dnb.d-nb.de abrufbar.

Inhaltsverzeichnis

Liebe Leserinnen und Leser,

als Vorsitzende des gemeinnützigen Vereins „intaktiv – eine Stimme für genitale Selbstbestimmung" freue ich mich sehr, dass aus den Reihen unserer Mitglieder ein Buch entstanden ist, das eine kindgerechte Aufklärung über Themen wie Männlichkeit, Sexualität und Beschneidung im medizinischen wie religiösen Kontext bietet. Sowohl die „Beschneidungsdebatte" als auch das daraus resultierende „Beschneidungsgesetz" ignorierten vor allem die Stimme derjenigen, die eigentlich zuerst hätten gefragt werden müssen: der männlichen Kinder und Jugendlichen. Stattdessen wurde ihnen das Grundrecht auf intakte, unversehrte Genitalien per Gesetz entzogen. So wird ein Buch wie „Charlie" umso wichtiger, denn wo der Staat sein Wächteramt aufgegeben hat, tut Aufklärung not – für Eltern, Kinder und alle, die sich dem Schutz von Kindern als Träger eigener Persönlichkeitsrechte von Herzen verbunden fühlen.

Ich möchte mich daher herzlich bedanken bei allen, die dieses Buch ermöglicht haben: bei seinem Autor Mario Lichtenheldt, seiner Lektorin Dr. Meike Beier und beim Berufsverband der Kinder- und Jugendärzte (BVKJ), der bereits seit Jahren engagierte wissenschaftliche Aufklärungsarbeit zu den Themen „Phimose, Vorhaut und Beschneidung" betreibt. Ein besonderer Dank gilt Herrn Dr. Wolfram Hartmann, Präsident des BVKJ, für die Erlaubnis zum Nachdruck von Abbildungen für den „Charlie". Nicht zuletzt bedanke ich mich bei allen, die dieses Buch lesen, weitergeben oder auf andere Weise unterstützen und somit ihren eigenen Beitrag zu einer besseren Aufklärung über eine gesunde Sexualentwicklung und intakte Genitalien leisten. Ihnen allen wünsche ich eine spannende und lehrreiche Lektüre!

Mit den besten Grüßen
Viola Schäfer
Diplom-Psychologin, Vorsitzende intaktiv e.V.

Ein Männergespräch

„Papa, Papa, der Arzt hat Benny ein Stück vom Pimmel abgeschnitten! Jetzt ist er ganz rot und sieht aus wie ein Indianer mit Glatze!", ruft Florian aufgeregt, als er von der Schule nach Hause kommt.

„Wie bitte? Was ist rot? Wer hat Benny etwas abgeschnitten?"

Erschrocken lässt Papa seine Brille fallen, die er sich eben auf die Nase setzen wollte, als sein 7-jähriger Sohn lärmend wie ein Indianerhäuptling ins Arbeitszimmer gerannt kommt und – nunmehr in einen Medizinmann verwandelt – stampfend um den Schreibtisch tanzt.

„Ja, im Krankenhaus haben sie seinen Pimmel skalpiert – wie die Indianer die Köpfe ihrer Feinde!", ruft Florian aufgeregt. „Ich hab's genau gesehen, unter der Dusche nach dem Schwimmen, und die anderen Jungs auch!"

„Wie bitte?", fragt Papa nun schon zum zweiten Mal. „Die anderen Jungs wurden auch skalpiert?"

„Nein, die anderen Jungs wurden nicht skalpiert!", erklärt Florian ungeduldig. „Alle haben gesehen, dass Benny skalpiert wurde, ich meine, dass sein Pimmel skalpiert wurde!"

Jetzt endlich geht Papa ein Licht auf und er versteht, was Florian gesehen hat.

„Nein, nein!", beruhigt Papa den vor Aufregung ganz roten Indianer und erklärt: „Bennys Pimmel wurde nicht skalpiert. Er wurde *beschnitten*. Ich wusste gar nicht, dass man sowas heute immer noch macht."

„Beschnitten? Was ist denn das?", fragt Florian verdutzt und bleibt ruckartig genau vor Papa stehen, so als hätte jemand seinen Stecker aus der Steckdose gezogen.

„Florian, manche Jungen werden beschnitten, wenn ihre Vorhaut krank oder zu eng ist. Man schneidet ihnen ein Stückchen Haut von ihrem Penis ab – ganz vorne den Zipfel und noch ein Stück mehr. Diese Haut nennt man *Vorhaut*."

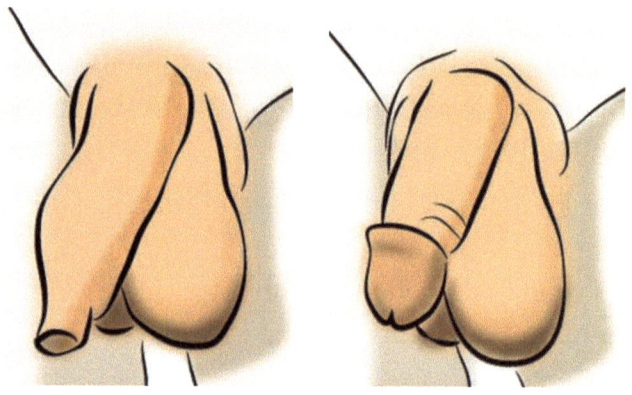

Nicht beschnittener (intakter) und vollständig beschnittener Penis © BVKJ

„Sind die verrückt geworden?", fragt Florian entsetzt.

„Wer? Die Jungen?", fragt Papa zurück.

„Nein, die Medizinmänner, die so etwas machen! Das tut doch sicher furchtbar weh?", faucht Florian wütend.

„Viele Ärzte tun das heute nicht mehr, aber manche wissen noch nicht, dass man eine enge oder kranke Vorhaut nicht abschneiden muss. Anstatt in ihre Schulbücher zu schauen, lesen sie wohl lieber Comics. Dabei können sie natürlich nichts lernen!", antwortet Papa und zwinkert seinem Sohn zu, denn manchmal blättert Florian auch lieber in Micky-Maus-Heften, statt für die Schule zu lernen.

„Der Pimmel heißt übrigens *Penis*. Am besten, du merkst dir das Wort. Nur kleine Jungen sagen Pimmel oder Pullermann. Aber du gehst ja schon zur Schule!", sagt Papa leise, damit Mama in der Küche es nicht hören kann.

Stimmt! Florian geht in die 2. Klasse und deshalb wird er ab heute nur noch das Wort „Penis" verwenden – na ja, oder *Charlie*, denn so hat er seinen Pimmel … nein, seinen Penis liebevoll genannt.

„Wird Charlie auch irgendwann skalpiert, ich meine: Wird Charlie auch irgendwann beschnitten?", fragt Florian nun besorgt. „Ich möchte das nämlich nicht!"

„Nein, nein, keine Angst, Charlie wird ganz bestimmt nicht beschnitten!", beruhigt Papa. „Der ist doch kerngesund und fit wie ein Turnschuh! Außerdem geht unser Kinder-Medizinmann Dr. Fröhlich jedes Jahr zur Ärzteschule. Der kennt sich aus! Das kannst du mir ruhig glauben oder du fragst ihn selbst!"

Dr. Fröhlich ist Florians Kinderarzt. Er ist sehr nett, ein richtiger Kumpel. Er würde Florian ganz bestimmt nichts abschneiden, schon gar nicht vom Penis!

„Ehrenwort?", fragt Florian trotzdem sicherheitshalber nach.

„Großes Indianer-Ehrenwort!", schwört Papa.

„Wer Charlie skalpieren will, muss zuerst seinen Blutsbruder ‚Großer Bär' besiegen!"

„Großer Bär? Wer ist denn das?", fragt Florian verdutzt.

„Na ich!", antwortet Papa.

„Ach so. Und was ist, wenn Charlie krank wird?"

Florian hat immer noch ein bisschen Angst um seinen Penis und möchte lieber ganz sicher gehen, dass ihm nichts passiert und vor allem, dass ihm dort unten nichts verloren geht!

„Wenn Charlie krank wird oder ihm etwas weh tut, bekommt er von Dr. Fröhlich eine Salbe verordnet. Die hilft kleinen und großen Charlies fast immer!", antwortet Papa.

„Konnte denn der Arzt Bennys Vorhaut nicht auch mit Salbe wieder gesund machen? Als ich Ohrenschmerzen hatte, hat mir unser Dr. Fröhlich ja auch nicht einfach das Ohr abgeschnitten!", fragt Florian immer weiter, denn nun möchte er ganz genau wissen, was es mit Bennys *Beschneidung* auf sich hat.

„Ich weiß nicht, aber ich glaube, wir beiden sollten mal ein Gespräch unter Männern führen!", schlägt Papa vor. „Am besten heute Abend, wenn du in der Badewanne sitzt!"

„Oh fein!", freut sich Florian und fühlt sich richtig gut, weil Papa ihn einen Mann genannt hat, obwohl er doch gerade erst 7 Jahre alt ist. Zugleich wundert er sich aber auch, weil Papa mit ihm sprechen will, wenn er nackig in der Badewanne sitzt.

Benny schämt sich

„Darf ich reinkommen?", fragt Papa leise und schaut vorsichtig durch den Türspalt ins Badezimmer.

„Na klar!", antwortet Florian unbekümmert, während er mit seinem Segelboot spielt. Vor Papa muss sich Florian nicht schämen. Schließlich sind sie ja beide Männer! Außerdem brennt Florian darauf, endlich zu erfahren, weshalb Bennys Pimmel skalpiert wurde oder besser gesagt: Warum Bennys Penis beschnitten wurde.

„Manche Jungen und sogar Mädchen lachen Benny aus, weil er beschnitten ist", berichtet Florian. „Sie erzählen es überall herum und Benny schämt sich sehr dafür. Er ist gar kein richtiger Junge mehr!"

„Hat er das gesagt?", fragt Papa erschrocken.

„Ja, hat er!"

„Und hat er gesagt, warum er beschnitten wurde?"

„Wegen … Das Wort habe ich vergessen, aber seine Eltern haben gesagt, weil seine Vorhaut nicht zurück ging. Und sie haben gesagt, dass es gesund ist, beschnitten zu sein und dass Benny beim Duschen seinen Penis nicht ordentlich sauber gemacht hat und außerdem kann er nun nicht mehr krank werden."

„Wer? Benny?"

„Nee, sein Penis!"

„Aber das ist ja blühender Unsinn!", schimpft Papa plötzlich los. „Alles Schnee von gestern!"

„Was ist denn Schnee von gestern?"

„Florian, früher glaubten die Menschen, die Erde sei eine Scheibe. Und? Ist die Erde eine Scheibe?"

„Nein, eine Kugel! Das weiß doch jedes Kind!"

„Genau! Und deshalb ist der Satz ‚Die Erde ist eine Scheibe' Schnee von gestern, überholt, verstaubt, ein Unsinn, über den heute sogar Kinder lachen. Verstehst du?"

„Ich glaube, ja. Früher dachte ich, der Weihnachtsmann ist echt."

„Und? Ist er echt?"

„Nö, Schnee von gestern!"

„Und wenn jemand sagt, Vorhaut abschneiden sei sauber und gesund; was sagen wir dann?"

„Schnee von gestern!", rufen Papa und Florian im Chor.

„Benny mag nicht mehr schwimmen gehen und er verdrückt sich beim Umziehen nach dem Sport immer in eine Ecke, wo ihn niemand sehen kann. Er spielt auch nicht mehr Fußball, weil die Jungen danach gemeinsam duschen. Kann man denn nichts machen, damit er wieder aussieht wie früher?", fragt Florian besorgt.

„Nein, das geht leider nicht. Aber du kannst Benny zeigen, dass du zu ihm hältst und er sich auf dich verlassen kann, wenn es darauf ankommt."

„Und wie kann ich ihm das zeigen?"

„Indem du ihm Mut machst! Am Anfang wird er sich vielleicht nur mit dir gemeinsam trauen, z. B. unter die Dusche zu gehen, wenn dort noch andere Jungs sind. Wenn er dann merkt, dass nichts Besonderes passiert und dass niemand über ihn lacht, ist alles in Ordnung und er hatte nur deshalb Angst, weil früher irgendwelche Dummköpfe über ihn gelacht haben."

„Und wenn die anderen Jungs doch lachen?"

„Dann solltet ihr ihnen in Ruhe erklären, dass Benny nichts dafür kann, dass er beschnitten wurde – und dass so etwas jedem Jungen passieren kann!"

„Und du meinst, dass sie dann nicht mehr lachen?"

„Florian, vorhin hast du gesagt, dass du nicht beschnitten werden möchtest. Die Jungs, die über Benny lachen, wollen ganz sicher auch nicht beschnitten werden. Wenn sie erst einmal begriffen haben, dass Benny ihnen dabei helfen kann, sich selbst vor einer unnötigen Beschneidung zu schützen, dann werden sie auch nicht mehr lachen!"

„Wie kann Benny den anderen Jungs denn helfen?"

„Mit seinem Wissen!", antwortet Papa.

„Mit seinem Wissen? Das verstehe ich nicht."

„Genau deshalb reden wir beide heute über den Penis, die Vorhaut und über Beschneidung, ganz normal, von Mann zu Mann, ohne dass jemand lacht oder sich schämen muss. Wenn du dann morgen zur Schule gehst, weißt du, *was jeder Junge wissen sollte* und kannst es Benny weitersagen. Und dann erklärt ihr es den anderen Jungs! Zu zweit fällt das nicht schwer und ich bin ganz sicher, dass sie euch zuhören werden!"

„Hm, gute Idee!", findet Florian. „Benny ist eigentlich ganz nett. Ich kann's ja mal versuchen."

Eine Weile schaut Papa seinem Sohn schweigend beim Baden zu.

Dann beginnt Florian viele Fragen zu stellen…

***

Zipfel, Schnäpperle & Co. – Kleiner Mann mit vielen Namen

„Warum hat denn der *Penis* so einen komischen Namen?", möchte Florian wissen.

„Das Wort *Penis* ist ein lateinisches Wort", erklärt Papa. „Latein ist eine sehr alte Sprache. Übersetzt heißt der Penis einfach Schwanz – und wirklich ist er ja auch so etwas Ähnliches wie ein kleines Schwänzchen."

„Stimmt", lacht Florian. „Nur dass man damit nicht wedeln kann!"

Jetzt muss Papa lachen. „Nein, wedeln kann er nicht, aber hart werden und nach oben zeigen."

„Ja, das ist lustig!", kichert Florian. „Mein Schlafanzug sieht dann immer aus wie ein Indianerzelt!"

„Es gibt sehr viele lustige, komische, aber auch unanständige Namen für den Penis", erzählt Papa weiter. „Auf Deutsch sagt man zum Penis manchmal auch *Glied*. Kleine Jungen nennen ihn z. B. Pimmel, Pullermann, Pippimann, Zipfel, Spatz, Schniepel, Schnippi oder Piepmatz. Große Jungen bezeichnen ihn einfach als Schwanz. In Schwaben heißt er Schnäpperle und aus Spaß nennt man den Penis manchmal auch ‚Kleiner Prinz', Nudel oder Lümmel."

„Lümmel? Das finde ich lustig!

Nanu? Wo ist denn der Lümmel?", fragt Florian, als sich Charlie unter einem riesigen Schaumberg versteckt...

„Daumen" hoch? –
Warum der Penis Männchen macht

„Weißt du denn auch, wozu Jungen ihren Penis brauchen?", fragt Papa nun und ist sehr gespannt, was sein Sohn schon über diesen geheimsten Körperteil jedes Jungen weiß.

„Na zum *Pullern*!", antwortet Florian. „Und zum Blumengießen in Omas Garten!"

„Stimmt. Aber nicht nur!", antwortet Papa. „Der Penis ist auch ein wichtiges *Erkennungszeichen*. Er zeigt an, dass du ein *Junge* bist!"

„Ja, wie mein Daumen oder ein Uhrzeiger! Mal zeigt er nach unten, mal nach oben!", lacht Florian und dreht seinen Daumen mal nach unten, mal nach oben.

„Charlie ist aber auch ein interessantes *Spielzeug*!", raunt Papa Florian dann leise zu.

„Das weiß ich doch schon!", flüstert Florian zurück und hat plötzlich rote Wangen. „Wenn ich im Bett mit Charlie spiele, wird er manchmal ganz hart und streckt sich lang. Das fühlt sich toll an und meist schlafe ich danach einfach ein."

„Das kommt daher, weil Charlie besonders empfindlich ist", meint Papa.

„Die meisten Jungen mögen dieses schöne Gefühl und reiben oder streicheln ihren Penis, damit es noch schöner wird. Das nennt man *Masturbation* oder *Selbstbefriedigung*, weil man sich danach richtig wohl und zufrieden fühlt. Vor allem die Vorhaut und das Köpfchen des Penis sind besonders zart und empfindlich – für liebevolle Berührungen, aber auch für Schmerzen. Deshalb solltest du deinen Penis zum Beispiel vor Brennnesseln, Bienen, langen Fingernägeln, Reißverschlüssen und Klodeckeln beschützen, denn sonst kann es sehr wehtun!"

Florians Augen werden ganz groß. Das kann er sich gut vorstellen!

„Und was auch ganz wichtig ist", fährt Papa fort: „Alles, was du mit deinem Penis machst, tue nur, wenn du allein bist und niemand zuschaut. *Denn dein Penis gehört nur dir!*"

„Oh oh! Schau mal Papa, Charlie macht Männchen! Jetzt sieht er aus wie ein Leuchtturm oder eine Rakete!", schmunzelt Florian, als sein Penis beim Waschen plötzlich ganz steif wird und nach oben zeigt. „Ich hab' gar nix gemacht. Wie geht das?"

Statt zu antworten, nimmt Papa nun Florians Pinguin-Schwamm, presst ihn aus und legt ihn seinem Sohn auf die flache Hand.

„Ist der Schwamm leicht oder schwer?", fragt Papa.

„Ganz leicht", antwortet Florian.

„Und warum ist er leicht?"

„Weil du das ganze Wasser rausgedrückt hast!"

„Und genau so funktioniert dein Penis!", erklärt Papa.

„Wie? Mein Penis ist doch kein Schwamm!", wundert sich Florian.

„Ein bisschen schon!", antwortet Papa. „Wenn Charlie *klein* ist und zwischen deinen Beinen baumelt wie eine weichgekochte Nudel, dann ist nur *wenig Blut* im Penis – genau wie bei deinem ausgepressten Pinguin-Schwamm. Im Penis sind nämlich auch solche kleinen Poren und Zellen versteckt, wie hier im Schwamm, schau!"

Florian schaut sich den Schwamm genau an. Tatsächlich! Der Schwamm hat lauter kleine Löcher, die man Poren oder Zellen nennt.

Nun taucht Papa den Schwamm ins Wasser und legt ihn abermals auf Florians Hand.

„Jetzt ist er ganz schwer!", bemerkt Florian sofort.

„Richtig! Die kleinen Poren im Schwamm haben sich mit Wasser vollgesaugt!", erklärt Papa. „Dein Penis saugt sich natürlich nicht mit Wasser voll, sondern er füllt sich mit Blut! Wenn Charlie *steif* ist und wie eine kleine Rakete nach oben zeigt, sind die winzigen Zellen in seinem Inneren prall *mit Blut gefüllt*.

Das Blut wird richtig hineingepresst – so wie die Luft in einen Fahrradreifen! Der wird ja auch ganz hart, wenn man ihn kräftig aufpumpt.

Wenn Charlie *steif* ist, dann hast du eine *Erektion*. Auch das ist ein lateinisches Wort und es bedeutet Aufrichtung oder Aufstehen."

Jetzt versteht Florian, warum Charlie Männchen macht – in der Nacht oder wenn er mit ihm spielt. Der Penis fühlt sich dann an wie der Gummihammer aus dem „Meister-Hämmerlein-Spiel", mit dem Florian sonntags manchmal seinen Papa weckt, wenn der einfach nicht aufstehen will.

„Charlies Kopf wird immer ganz dick, wenn er aufgepumpt ist", meint Florian. „Warum ist das so?"

„Der Penis bekommt durch das hineingepresste Blut einen dicken roten Kopf – so wie du, wenn du in der Schule etwas nicht weißt, weil du nicht gelernt hast."

„Aber Charlie hat doch gelernt!", scherzt Florian.

„Oh ja!" lacht Papa. „Er kann im Stehen pullern, Uhrzeiger, Nudel, Leuchtturm, Rakete oder Feuerwehrschlauch spielen und Omas Stachelbeerstrauch bewässern!"

„Und Männchen machen!", lacht Florian, während er vor Freude wild in der Badewanne herumplanscht.

„Ja, die *Erektion* ist ein wichtiges Zeichen dafür, dass Jungs *gesund* sind!" erklärt Papa und fährt dann fort:

„Tagsüber ist Charlie meist klein und weich und lässt sein Köpfchen hängen.

So stört er am wenigsten beim Gehen oder Laufen, kann zwischen den Beinen nicht so leicht verletzt werden und lässt sich gut in der Hose verstecken. Das Köpfchen des Penis nennt man übrigens *Eichel*.

Nachts trainiert Charlie und wird groß und stark."

„Charlie trainiert? Was trainiert er denn?", fragt Florian erstaunt, denn noch nie zuvor hat er gehört, dass ein Penis Sport treibt.

„Na ja, das ist wie in der Schule. Dort treibt ihr doch auch regelmäßig Sport. Dadurch bekommt ihr Muckis! Außerdem bleibt man gesund, wenn man oft Sport treibt! Die kleinen Zellen im Penis sind auch Muskeln und die trainiert er, indem er sich vor allem in der Nacht immer mal wieder mit Blut aufpumpt."

„Ja, stimmt! Nachts ist Charlie ganz oft gesund!", meint Florian. „Deshalb schießt er auch manchmal daneben, wenn ich zur Toilette muss!"

„Dann sollte dein kleiner Schütze fleißig üben! Am besten, du pullerst im Sitzen, dann musst du nicht so viel saubermachen", flüstert Papa und lächelt.

Charlie und die Babys

„Stimmt es, dass Papas ihren Penis in Mamas Mumu stecken, wenn sie ein Baby haben wollen?", fragt Florian, denn genau das hat Max aus der 3. Klasse in der Schule erzählt.

„Ja, das stimmt", antwortet Papa. „Wenn Mama und Papa sich ganz lieb haben und miteinander kuscheln, sind sie meist nackt und wünschen sich manchmal ein Baby. Papas Penis wird dann genau so steif wie Charlie in deinem Schlafanzug-Indianerzelt. Die Eichel reckt sich weit aus der Vorhaut und der Penis schlüpft in eine kleine, weiche Höhle, die zwischen Mamas Beinen versteckt ist. Die kleine Höhle nennt man *Scheide* oder *Vagina*, manchmal auch liebevoll Muschi oder Mäuschen. Kleine Mädchen sagen Mumu dazu."

„Mäuschen oder Mumu – das klingt lieb!", meint Florian.

„Es fühlt sich schön an, wenn der Penis in die Vagina schlüpft – so ähnlich wie beim Masturbieren – und dann fließen ein paar Tröpfchen *Samen* aus Papas Penis in Mamas Bauch. Den Samen nennt man *Sperma*. Es sieht so ähnlich aus wie Milch und darin schwimmen winzig kleine Samenfädchen.

In Mamas Bauch – genauer gesagt: in ihrer Gebärmutter – wartet eine kleine *Eizelle*, die viel kleiner ist als ein Stecknadelkopf. Wenn sich eine Eizelle und ein Samenfädchen berühren und verschmelzen, wächst aus ihnen ein Baby."

„Kann Charlie auch schon Babys machen?", fragt Florian.

„Nein, dazu ist er noch zu klein. Außerdem hast du noch keinen Samen", erklärt Papa.

„Ach so", antwortet Florian beruhigt und versenkt sein Spielzeugschiff in den Fluten des Badewannen-Ozeans.

Kleine Eier – große Wirkung: Die Hoden

„Aber woher kommt denn der Samen und warum habe ich noch keinen?", möchte Florian nun wissen.

„Der Samen wächst in deinen *Hoden,* den kleinen Murmeln im Säckchen zwischen deinen Beinen", erklärt Papa.

Florian schaut gleich nach.

„Da drin?"

„Ja, da drin.

Wenn du größer bist, wachsen die Hoden und werden ungefähr so groß wie kleine Pflaumen oder Taubeneier und dann entsteht darin Samen", sagt Papa und erklärt dann weiter:

„Die Hoden erzeugen aber nicht nur Samen, sondern außerdem auch einen besonderen Saft, der ins Blut fließt und dafür sorgt, dass aus Jungen Männer werden. Ist ein Junge *ungefähr 12 oder 13 Jahre* alt, beginnen seine Hoden schnell zu wachsen. Von nun an erzeugen sie ‚Männersaft', den 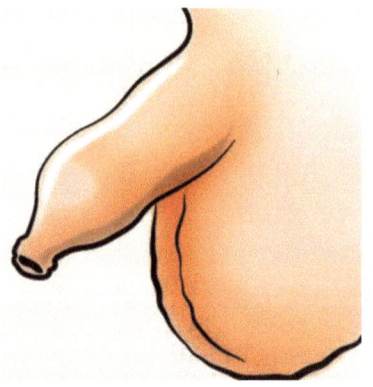 man *Testosteron* nennt, und der sorgt dafür, dass der Penis, die Hoden, die Muskeln, Bart- und Schamhaare wachsen und aus der Kinderstimme des Jungen eine tiefe Männerstimme wird."

„Aber warum sind die Hoden denn in so einem kleinen Säckchen versteckt?"

„Die Hoden lieben es kühl! Damit sie richtig funktionieren, brauchen sie etwas weniger Wärme als der übrige Körper. Deshalb baumeln sie außerhalb des Körpers, an der frischen Luft in einem kleinen Säckchen zwischen den Beinen.

Wenn es sehr kalt ist, wird das Säckchen ganz klein, zieht sich fest zusammen und hebt die Hoden nach oben an den warmen Körper. Im Schwimmbad oder wenn du kalt duschst, hast du das vielleicht schon einmal beobachtet. Auch wenn du dich nicht wohlfühlst, wird der Hodensack meist ganz eng und klein.

Wenn es dagegen sehr warm ist, wird das Säckchen größer und die Hoden hängen nun ganz tief in ihrem Beutelchen und der Junge kann sie sogar hin und her schaukeln.“

Florian probiert es gleich aus und Papa muss den Badewannen-Kapitän dabei festhalten, damit er nicht ausrutscht.

„Die Hoden sind *sehr empfindlich* und es kann sehr wehtun, wenn du dich dort verletzt“, erklärt Papa.

„Ja, ich weiß!“, antwortet Florian. „Max ist schon mal mit dem Fahrrad gestürzt und dabei mit den Eiern auf die Fahrradstange gekracht. Der hat ganz lange geweint, weil es so wehgetan hat!“

Obwohl das nun wirklich nicht lustig ist, muss Papa jetzt lachen, weil Florian die Hoden „Eier“ genannt hat. Aber es stimmt: Viele Jungen und Männer sagen zu ihren Hoden einfach Eier, weil sie so aussehen und sich so anfühlen wie kleine Eier.

„Meine Eier sind verschwunden!“, ruft Florian plötzlich.

„Wie? Verschwunden?", fragt Papa erschrocken.

Doch dann sieht er, was passiert ist: Florians Hoden sind nach oben in den Bauch gerutscht. Das kann bei kleinen Jungen manchmal passieren. Die kleinen Murmeln dürfen dort aber nicht bleiben, denn im Bauch ist es zu warm für sie.

Zum Glück sind Florians „Eier" kurze Zeit später wieder dort, wo sie hingehören. Mit dem Finger hat er sie einfach ganz vorsichtig wieder nach unten geschoben.

Lippen & Linien – Mädchen oder Junge?

„Guck mal, Papa, ich glaube, Charlie hat sich verletzt!", erschrickt Florian. Eine seltsame Linie oder Naht führt an der Unterseite seines Penis entlang – mitten über sein Säckchen und verschwindet zwischen den Beinen.

„Nein, das ist keine Verletzung", beruhigt Papa. „Diese Linie haben alle Jungen, bei manchen kann man sie aber nicht so gut sehen."

„Und warum ist die dort?"

„Das ist ein kleines Geheimnis, das nur ganz wenige Jungen kennen!"

„Erzählst du es mir?", fragt Florian neugierig.

„Na klar, wenn du es wissen möchtest", antwortet Papa und erklärt:

„Jedes Baby, das in Mamas Bauch heranwächst, ist ganz am Anfang ein Mädchen."

„Wie? Auch Jungs sind am Anfang Mädchen?", ruft Florian dazwischen und kann kaum glauben, was Papa da erzählt.

„Ja, genau. Und jedes Mädchen hat zwischen seinen Beinen eine kleine Höhle, die man *Scheide* oder *Vagina* nennt. Die Scheide wird von zarten, weichen Lippen umschlossen und beschützt. Das sind die *Schamlippen*. Dazwischen verläuft ein kleiner Spalt – wie zwischen den Lippen am Mund. Das ist bei allen Mädchen so, egal, ob sie noch ganz winzig in Mamas Bauch sind oder schon zur Schule gehen.

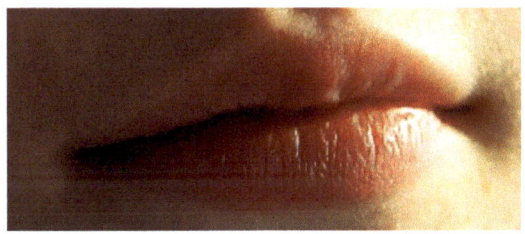

Aus einigen *Embryonen* (so nennt man die winzigen Babys in Mamas Bauch) werden schon lange vor der Geburt Jungen, andere bleiben Mädchen.

Wird aus dem Mädchen in Mamas Bauch ein Junge, dann wachsen die beiden Lippen zusammen und so entsteht die seltsame Linie an der Unterseite des Penis und am Hodensack. Man nennt sie *Raphe* oder *Penisnaht*.

Erst etwas später entstehen der Penis und die Hoden. Am Anfang ist das Penis-Zipfelchen winzig klein. Trotzdem kann es der Arzt mit einem besonderen Gerät schon in Mamas Bauch entdecken und weiß dann: Aha! Es wird ein Junge!"

„Alle Jungen sind im Mamabauch also zuerst Mädchen?", fragt Florian immer noch ungläubig.

„Ja richtig, etwa 6 Wochen lang, ganz am Anfang, wenn das Baby noch winzig klein ist", antwortet Papa. „Die Raphe bei Jungen verläuft genau dort, wo Mädchen den kleinen Spalt zwischen ihren Schamlippen haben – von vorne zwischen den Beinen hindurch bis zum Po."

Kirsche mit Pullover – Eichel und Vorhaut

„Ist das die Vorhaut?", fragt Florian. Wie einen Kaugummi zieht er den vorderen Zipfel seiner Vorhaut in die Länge und hat offensichtlich viel Spaß dabei.

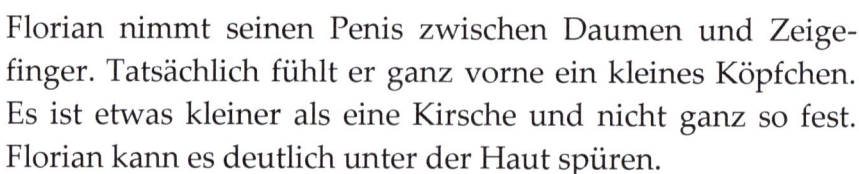

„Ja, das ist ihre Spitze!", antwortet Papa. „Sei schön vorsichtig damit!"

„Die ist ganz weich!"

„Ja, aber zur Vorhaut gehört noch mehr. Fühlst du Charlies Köpfchen, die kleine dicke Murmel unter der Haut?"

Florian nimmt seinen Penis zwischen Daumen und Zeigefinger. Tatsächlich fühlt er ganz vorne ein kleines Köpfchen. Es ist etwas kleiner als eine Kirsche und nicht ganz so fest. Florian kann es deutlich unter der Haut spüren.

„Das ist die *Eichel*!", erklärt Papa.

„Das kleine rote Köpfchen, das du bei Benny gesehen hast, nennt man Eichel. Bei dir ist die Eichel in der Vorhaut versteckt. Benny hat keine Vorhaut mehr. Seine Eichel kann man immer sehen, wenn er nackt ist. Zur *Vorhaut* gehört also nicht nur der kleine Zipfel ganz vorne, sondern *all die Haut, die bei nicht beschnittenen Jungen die Eichel umhüllt.* Die Vorhaut ist wie ein Pullover für die Eichel."

„Aber warum nennt man die Murmel in der Vorhaut denn Eichel? Eicheln gibt es doch nur im Wald. Man kann niedliche Männchen daraus basteln!", erinnert sich Florian.

„Und genau daher kommt auch der Name – weil die Eichel am Penis fast genauso aussieht wie die Eicheln, mit denen man basteln kann oder die man im Winter an die Tiere im Wald verfüttert."

Dann fragt Papa:

„Kannst du denn deine Vorhaut schon *zurückziehen*, um die Eichel zu sehen?" Er zieht den Ärmel seines Pullovers ein Stück nach hinten. „Schau: So hier!"

Wieder nimmt Florian seinen Penis zwischen Daumen und Zeigefinger. Tatsächlich kann er die zarte Haut vorsichtig nach hinten ziehen. Neugierig reckt sich ein kleines, violettes Köpfchen heraus. Das also ist die Eichel! Sie sieht wirklich aus wie die Eicheln im Wald, nur dass die Wald-Eicheln grün oder braun sind, während Florians Eichel lila ist.

„Prima!", sagt Papa. „Siehst du, wie zart und empfindlich die Eichel ist, wenn du sie anfasst?"

Vorsichtig fühlt Florian mit dem Finger über seine Eichel und zuckt.

„Ups! Das kitzelt!" Das ist ja witzig: An seiner Fingerspitze hat Florian fast gar nichts gespürt, aber an der Eichel hat die sanfte Berührung lustig gekribbelt.

„Mit der Eichel kann man ja viel mehr spüren als mit dem Finger!", staunt Florian.

„Genau! Und damit das so bleibt, wird die Eichel von der Vorhaut beschützt – vor Schmutz, Verletzungen, Krankheiten oder langen Fingernägeln."

Zaghaft streicht Florian mit dem Badeschwamm über das kleine violette Köpfchen seines Penis, das man Eichel nennt. Obwohl der Schwamm ganz weich ist, tut die Berührung ein bisschen weh.

Schnell schiebt Florian seine Vorhaut wieder nach vorne und schwupp – schon ist das empfindliche Köpfchen wieder verschwunden.

„Siehst du! *Die Vorhaut schützt deine Eichel!*", freut sich Papa. „Außerdem sorgt die Vorhaut dafür, dass die Eichel schön weich, zart und feucht bleibt, so wie die Zunge im Mund!

Der kleine Zipfel vorne an der Vorhaut funktioniert übrigens so ähnlich wie die Schnur an deinem Rucksack. Sobald du deine Vorhaut nach vorne schiebst, schließt sich die Vorhautspitze. So etwas kannst du auch bei einem Rollkragenpullover beobachten. Wenn der Pullover auf dem Tisch liegt, ist sein Kragen so eng, dass dort niemals ein Kopf hindurch passen kann. Aber wenn man den Pullover dann anzieht, dehnt sich der Kragen mächtig aus und der Kopf kann hindurch schlüpfen – genau wie die Eichel durch die Spitze der Vorhaut."

„Oh je! Alles rot!", ruft Florian plötzlich erschrocken, nachdem er seine Vorhaut noch einmal behutsam ganz weit zurückgezogen hat. „Ich glaube, Charlie hat eine Entzündung!"

„Aber nein", beruhigt Papa. „Das ist nur die *Innenseite* der Vorhaut. Die ist genauso zart und empfindlich wie die Eichel. Die Innenseite der Vorhaut und die zarte Eichel schenken dir das *schöne Gefühl*, wenn du mit Charlie spielst."

„Ah! Ich weiß, wie du das meinst!", versteht Florian.

„Mit den Augen kann ich sehen, mit den Ohren hören, mit der Nase riechen, mit der Zunge schmecken und mit den Fingern kann ich etwas fühlen, zum Beispiel, ob etwas kalt oder heiß, hart oder weich ist!", erklärt Florian. „Und genauso ist es mit der Eichel und der Vorhaut! Sie ist eine Mega-Super-Fingerspitze, die viel mehr spüren kann als ein Finger: tolle *Gefühle*, wenn man damit spielt, aber auch *Schmerzen*, wenn man sich dort weh tut!"

„Gut erklärt!", lobt Papa seinen Sohn. „Und wenn die Vorhaut zurück gezogen ist, ist dein ganzer elfter Finger ein Mega-Superfinger!", scherzt Papa.

„Elfter Finger? Der heißt Penis und nicht Finger!", belehrt Florian seinen Papa.

„Oh! Entschuldige bitte! Das hatte ich eben kurz vergessen", antwortet der.

Dann rollt Papa plötzlich den Ärmel seines Pullovers zurück. Der Ärmel ist außen schwarz, innen blau und viel zu lang. Deshalb klappt Papa ihn einfach zurück. Jetzt ist das vordere Stück des Ärmels blau, weil Papa die Innenseite nach außen geklappt und dabei den Ärmel zurückgezogen hat.

„Schau – so funktioniert die Vorhaut: Beim Zurückziehen rollt sich die Innenseite nach außen, wie bei meinem Ärmel. Der Ärmel ist innen blau und außen schwarz. Die Vorhaut ist innen rosa und außen sieht sie aus wie die Haut überall am Körper. Deshalb sieht dein Penis hinter der Eichel rosa aus, wenn du deine Vorhaut wie einen Ärmel zurückgezogen hast."

„So geht das also!", antwortet Florian und schaut gespannt zu, wie seine Eichel wieder in der Vorhaut verschwindet.

Rosen und Phimosen

Verträumt betrachtet Florian seinen Penis, der lustig im Badewasser schwimmt.

„Bei manchen Jungen lässt sich die Vorhaut noch nicht so schön zurückziehen wie bei dir", erklärt Papa nun. „Das nennt man *Vorhautverengung* oder *Phimose*."

„Phimose? Ah! Das war das Wort, das Bennys Eltern gesagt haben! Aber das klingt ja wie Rose!", scherzt Florian.

„Guter Vergleich!", findet Papa.

„Gemeinsam sind Eichel und Vorhaut nämlich wirklich so etwas Ähnliches wie eine *Rosenknospe*.

Zuerst ist die Rosenknospe ganz klein. Winzige grüne Blättchen kuscheln sich fest um die zarte Blüte und schützen sie vor Regen, Sturm, Kälte und Verletzungen. Die schützenden grünen Blättchen halten so fest zusammen, dass man die bunte Blüte darunter noch gar nicht sehen kann.

Und nun schau dir *Charlie* an:

Ganz eng und fest schmiegt sich die Vorhaut um die Eichel, beschützt sie und hält sie schön zart und warm. Bei kleinen Jungen sind Eichel und Vorhaut sogar miteinander verklebt (*Vorhautverklebung*) und das Löchlein zum Pullern vorne an der Spitze ist winzig klein (*Vorhautverengung, Phimose*).

Und nun schauen wir uns *beide* an – die Rosenknospe und die Vorhaut:

Irgendwann, wenn die Blüte in der Knospe reif ist, öffnen sich die grünen Blättchen und die Rose erblüht. Niemand käme auf die dumme Idee, die kleinen grünen Blättchen abzuschneiden oder mit den Fingern aufzureißen, damit die Rose schneller erblüht. Genauso soll es auch bei der Vorhaut sein. Erst wenn die Eichel groß und stark genug ist, lässt sich die Vorhaut leicht zurückstreifen. Sie klebt nun nicht mehr an der Eichel fest und das Löchlein vorne wird größer, so dass das kleine Köpfchen hindurchschlüpfen und herausschauen kann – so wie bei dir!"

„Das ist aber eine schöne Geschichte!", meint Florian, der gebannt zugehört hat. „Und wann öffnet sich die Rosenblüte … ähm … ich meine, die Vorhaut bei den Jungs?"

„Bei manchen Jungen öffnet sich die Vorhaut mit 2 oder 3 Jahren, bei anderen erst mit 6 oder 7 Jahren, manchmal auch erst mit 12 oder 13 Jahren. Das ist bei jedem Jungen anders, aber *all das ist ganz normal*. Solange dabei nichts wehtut und der Junge normal pullern kann, ist alles paletti.

Früher wurden viele Jungen beschnitten, weil man dachte, Phimose sei eine Krankheit. Das stimmt aber gar nicht. Inzwischen wissen vor allem Kinderärzte wie Dr. Fröhlich, dass man das nicht tun muss, weil eine Phimose meist von selbst verschwindet. Viele Jungen haben Angst vor der Beschneidung und manche leiden darunter, beschnitten zu sein – so wie Benny."

Wenn Charlie krank ist

„Aber was ist, wenn Charlie wirklich eine Entzündung hat?" fragt Florian besorgt.

„Ja, sowas kann natürlich auch passieren", sagt Papa. „Auch eine enge Vorhaut kann manchmal wehtun.

Und manchmal geht sie auch bei älteren Jungs und Männern noch nicht zurück, obwohl die das sehr gerne möchten. Abschneiden muss man die Vorhaut deshalb aber nicht, denn schließlich schneidet man bei Schnupfen ja auch nicht einfach die Nase ab oder bei Ohrenschmerzen die Ohren. Heute versuchen die meisten Kinderärzte, die Vorhaut wieder heil zu machen", erklärt Florians Papa. „Meist geht das mit *Salbe*."

„Tut das weh?" sorgt sich Florian.

„Nein. Der Junge muss die Salbe einfach nur morgens und abends auf seine Vorhaut streichen und ein bisschen einreiben. Es ist übrigens in Ordnung, wenn der Penis dabei steif wird, weil sich dadurch die Vorhaut behutsam dehnt.

Nach dem Eincremen wird die Vorhaut ein paar Mal vorsichtig so weit zurückgezogen, wie es *ohne Schmerz* geht. *Das darf aber niemals wehtun!*"

Florian nickt erleichtert. „Und irgendwann geht es dann ganz – wie bei mir! Alles geht von selbst oder mit Salbe, ohne Angst, ohne Beschneidung, Schmerzen, Schämen und Auslachen! Jetzt weiß ich noch besser, warum Beschneidung Schnee von gestern ist."

„Genau", bestätigt Papa. „Mit der Zeit geht es immer besser und irgendwann kann der Junge die Vorhaut ganz zurückstreifen. Da es bei dir schon klappt, musst du nicht mehr üben. Aber du solltest sie trotzdem jeden Tag zum Beispiel beim Baden oder Duschen vorsichtig zurückziehen. Dann säuberst du deine Eichel behutsam mit den Fingern oder einem weichen Tuch ohne Seife, trocknest das zarte Köpfchen ab und schiebst die Vorhaut wieder nach vorne, damit die Eichel und die zarte Innenseite der Vorhaut geschützt sind."

„Aber wenn die Vorhaut nicht zurückgeht, kann man sich darunter ja gar nicht richtig waschen!", gibt Florian zu bedenken.

„Doch, das geht schon", antwortet Papa. „Schau dir mal deine Fingernägel an. Dort ist es ähnlich: Ganz vorne kann sich unter den Fingernägeln Schmutz sammeln, den man vorsichtig entfernt. Weiter hinten sind die Fingernägel aber ganz fest mit dem Finger verbunden. Es ist so, als wären die Fingernägel auf die Finger aufgeklebt. Dort kann niemals Schmutz hingelangen. Genauso ist es, wenn die Vorhaut eines Jungen mit der Eichel verklebt ist und deshalb noch nicht oder noch nicht ganz zurückgeht. Schmutz kann sich nur dort sammeln, wo die Vorhaut schon beweglich ist – und dort muss man sich täglich waschen.

Wahrscheinlich erinnerst du dich nicht mehr daran, aber als du kleiner warst, sind manchmal kleine weiße Kügelchen unter deiner Vorhaut hervorgekommen. Das kann passieren und ist ganz harmlos. Die Kügelchen zeigen an, dass sich die Vorhaut auch weiter hinten von der Eichel zu lösen beginnt."

Florian, der sich wirklich nicht mehr erinnern kann, hört aufmerksam zu und freut sich, dass sich seine Vorhaut schon bis hinter die Eichel zurückstreifen lässt.

✱✱✱

Winnetou, Old Shatterhand und Opa Erich

Dann erzählt Florians Papa eine merkwürdige Geschichte:

„Oft werden Jungen beschnitten, weil ihre Eltern auf eine bestimmte Weise an Gott glauben."

„Nanu?", wundert sich Florian. „Was will denn der Gott mit all den abgeschnittenen Vorhäuten anfangen? Ist er vielleicht ein Vorhautsammler? Opa Erich hat immer Briefmarken gesammelt, aber wahrscheinlich gibt es im Himmel keine Briefmarken."

„Ähm … nein, Gott ist kein Vorhautsammler", stottert Papa. „Aber bei Juden und Moslems zum Beispiel ist es Tradition, Jungen die Vorhaut abzuschneiden. Es ist ein *Zeichen* ihres Glaubens."

„Ah! Ich weiß!", erinnert sich Florian. „So wie bei den Blutsbrüdern Winnetou und Old Shatterhand oder Lederstrumpf und Häuptling Chingachgook!"

„Ja, so ähnlich!", antwortet Papa. „Aber die meisten Jungen werden nicht gefragt und können *nicht selbst entscheiden*, ob sie beschnitten werden wollen oder an Gott glauben, während Winnetou und Old Shatterhand erwachsene Männer waren und Blutsbrüder werden *wollten*!"

„Das finde ich nicht richtig, dass sie nicht gefragt werden!" empört sich Florian.

„Ja, das denke ich auch", bestätigt Papa. „Oft sind die Jungen, die beschnitten werden, auch viel zu jung oder zu klein, um zu verstehen, was eine *Beschneidung* überhaupt ist.

Manche Jungen werden schon kurz nach ihrer Geburt beschnitten, andere mit etwa 8, 10 oder 12 Jahren. Ihnen erzählt man, dass sie dadurch zu richtigen Männern werden."

Florian ist verwirrt. „Aber wenn der Penis das Erkennungszeichen von Jungen und Männern ist, wie kann man dann zum Mann werden, wenn etwas vom Penis abgeschnitten wird?"

„Das weiß ich auch nicht. Aber ich weiß, dass inzwischen viele gläubige Eltern auf die Beschneidung ihrer Söhne verzichten. Sie möchten, dass die Jungen später, wenn sie erwachsen sind, *selbst entscheiden* können, ob sie an einen Gott glauben und beschnitten werden wollen oder nicht."

Plötzlich muss Florian wieder an Benny denken und daran, wie unglücklich er wegen seiner Beschneidung ist und wie sehr er sich schämt.

„Es wäre toll, wenn das alle Jungen selbst entscheiden dürften!", findet Florian.

„Aber Papa, warum schneiden denn die Leute wegen Gott etwas vom Pimmel ab, ich meine, vom Penis? Sie könnten es doch genauso machen wie Winnetou und Old Shatterhand?", meint Florian dann.

„Du meinst, sie könnten sich in den Arm oder in den Finger ritzen, statt die Vorhaut abzuschneiden?", fragt Papa zurück.

„Ja genau!", bekräftigt Florian. „Aber nur, wenn sie erwachsen sind und es selber wollen!"

„Hm, würdest *du* das denn wollen?", fragt Papa.

„Das kann eine böse Entzündung geben und außerdem: Muss man sich denn wirklich gegenseitig wehtun, um jemandes Freund zu sein?"

„Nein, das muss man nicht. Ich hätte Angst vor der Beschneidung und auch davor, mich als Blutsbruder selbst zu schneiden", antwortet Florian.

„Blutsbrüderschaft ist also, genau wie Beschneidung, …?"

„…Schnee von gestern!", ruft Florian ganz laut.

„Richtig! Die Sache hat aber noch einen anderen Haken", erklärt Papa. „In der Bibel, einem uralten, aber für viele Menschen sehr wichtigen Buch, gibt es nämlich eine Geschichte, in der ein alter Mann glaubt, Gottes Stimme gehört zu haben. Die Stimme befahl ihm, allen Jungen, Männern und sich selbst die Vorhaut abzuschneiden, zum Zeichen, dass er und sein Volk Gott für immer treu sein möchten. Und weil die Vorhaut nie mehr nachwächst, bleibt das Zeichen für immer am Körper des Jungen oder Mannes – das ganze Leben lang, wie ein Tattoo oder ein Stempel, den man niemals wegwischen kann!", erzählt Papa.

„Aha! Sonst könnten es sich die Jungen anders überlegen und vielleicht nicht mehr an Gott glauben!", vermutet Florian. „Das ist aber ganz schön unfair und gemein!"

„Das sagst *du*! Aber die Erwachsenen nehmen diese Geschichte sehr ernst!", erwidert Papa.

„Ja, ja, ihr Erwachsenen seid manchmal komische Vögel!", meint Florian altklug.

„Opa Erich hat auch oft so seltsame Geschichten erzählt, vor allem, wenn er viel Bier getrunken hatte! Vielleicht hat sich der alte Mann in der Bibel damals die Geschichte ja auch nur ausgedacht oder er hatte auch zu viel Bier getrunken?"

„Kann schon sein", erwidert Papa. „Vielleicht ist die Geschichte, weil sie schon so lange her ist, ja auch falsch aufgeschrieben worden? Manche Leute glauben dennoch, dass es damals genau so passiert ist."

„Schade, dass man Kindern weh tut wegen der seltsamen Geschichte eines alten Mannes, von der man gar nicht weiß, ob sie wirklich wahr ist", grübelt Florian, während er sich abtrocknet und dabei auch Charlie nicht vergisst...

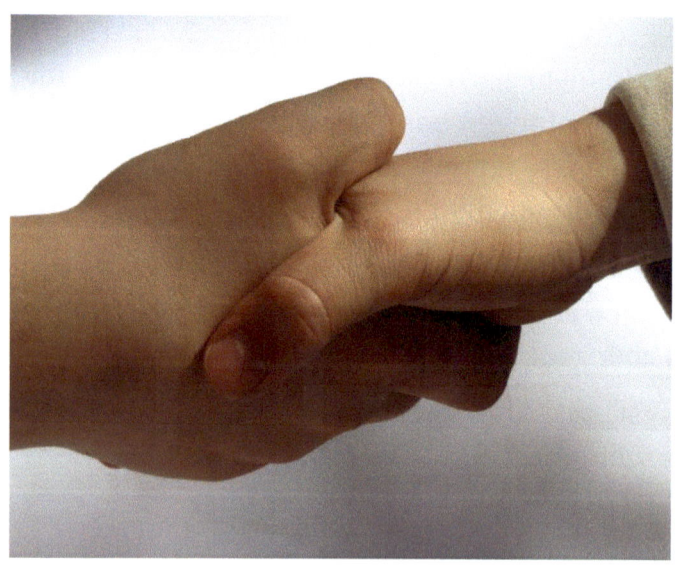

Freundschaft – ganz *ohne* Blut!

Mehmet

Einige Tage später sitzen Florian, Papa und Mama gemütlich beim Abendessen. Gerade will Papa sich ein Stück Wurst abschneiden, da fällt Florian ein, was er heute in der Schule von Mehmet erfahren hat:

„Du Papa, Mehmet aus der 2 b ist auch beschnitten, aber er schämt sich gar nicht. Mehmet sagt, ein richtiger Mann muss beschnitten sein und dass man kein richtiger Mann ist, wenn man eine Vorhaut hat. Seine Eltern haben ein großes Fest gefeiert, als er beschnitten wurde und Mehmet hat viele Geschenke und Geld bekommen. Er sagt, dass meine Vorhaut schmutzig ist, aber ich glaube, er meint es nicht so."

„Was denkst du denn darüber?", fragt Papa.

„Dass er sich irrt!"

„Und warum?"

„Papa, überleg doch mal:

Mehmet will ein richtiger Mann sein, obwohl ihm etwas Wichtiges fehlt? Du hast doch selbst gesagt, dass die Vorhaut wichtig ist!"

„Stimmt!", erwidert Papa. „Und wer hat nun Recht?"

„Ich finde, meine Vorhaut ist nicht schmutzig und ich möchte nicht beschnitten werden, auch nicht für viel Geld und Geschenke. Aber auch wenn Mehmet anders darüber denkt: Er ist genau so nett wie Benny und *beide sind genauso richtige Jungs wie ich, ganz egal, ob mit oder ohne Vorhaut!* Und sie sind beide meine Freunde.

Trotzdem ist es irgendwie schade, dass sie keine Vorhaut mehr haben, weil man damit so lustige Sachen machen kann."

„Das hast du aber schön gesagt, Florian!", freut sich Mama, die ihren beiden Männern bisher nur still zugehört hat.

„Manchmal denke ich, dass ihr Kinder viel klüger seid als wir Erwachsenen!"

Mein Penis ist doch kein Bleistift!

Beschneidung? Nein, danke!

Männergespräche ohne Männer?

Still denkt Florian darüber nach, was Papa ihm vor ein paar Tagen beim Baden erzählt hat. Er denkt an Benny und daran, dass dessen Papa wohl kein „Badewannengespräch" mit seinem Sohn geführt hat. Vielleicht wäre Benny sonst nicht beschnitten…

Und dann taucht plötzlich Justin in Florians Gedanken auf. Justin geht in Florians Klasse und hat keinen Papa, der ein Männergespräch mit ihm führen kann. Jedenfalls hat Florian Justins Papa noch nie gesehen.

„Können eigentlich auch *Mütter* Männergespräche führen?", fragt Florian schüchtern.

„Natürlich!", antwortet Papa und nimmt Mama ganz fest in den Arm. Und als hätte er Florians Gedanken erraten, fügt er hinzu: „Denk mal an Justin! Sein Papa hat die Familie verlassen, als Justin noch ganz klein war. Seiner Mama fällt es sicher viel schwerer, ein ‚Badewannengespräch' mit ihrem Sohn zu führen, weil sie natürlich niemals ein Junge war. Aber wenn Justin genauso wissbegierig ist wie du …"

Papa und Mama schauen sich an und lachen.

Florian schweigt eine Weile, stellt sich vor, wie Justins Mama mit ihrem Sohn ein Männergespräch führt und erklärt dann überzeugend und mit Papas tiefer Stimme:

„Justins Mama ist cool! Ich glaube, sie kriegt das locker hin!"

„Das denke ich auch", sagt Florians Mama und fügt dann hinzu:

„Aber wie ihr beiden das gemacht habt, das würde ihr sicher auch gefallen."

„Wieso?" Erschrocken schaut Florian seinen Papa an: „Hast du Mama etwa…?"

„Nein, nein! Ehrenwort! Ich hab' ihr nichts erzählt! Kein Wort! Das ist doch alles ganz privat – streng vertraulich!", beruhigt Papa und zwinkert Florian verschwörerisch zu.

Mein Körper gehört mir!

Vielen Jungen ist es egal, ob sie beschnitten wurden oder nicht. Sie sind auch ohne Vorhaut glücklich. Andere glauben, durch ihre Beschneidung zu einem „echten Mann" geworden zu sein – so wie Mehmet. Und wieder andere Jungen sind traurig oder schämen sich, weil sie beschnitten sind und ihr Penis dadurch anders aussieht und sich anders anfühlt – so wie Benny. Florian hat mit Benny geredet – und auch mit Mehmet. Die drei haben beschlossen, noch andere Jungen zu fragen, ob und warum sie beschnitten wurden und was sie darüber denken. Mehmet hat sich bei Florian dafür entschuldigt, dass er nicht beschnittene Jungen schmutzig genannt hat und Florian hat Benny und Mehmet versprochen, niemals darüber zu lachen, dass die beiden beschnitten sind. Alle drei Jungen möchten mithelfen, dass in Zukunft kein Junge mehr beschnitten wird, wenn das nicht wirklich nötig ist oder *er* das nicht möchte.

Und wie denkst du darüber?
Dein Körper gehört dir! Pass darauf auf!

Kleines ABC für Jungs – ganz privat!

Anfassen – Finger weg von meinem Pimmel!

Dein Körper gehört nur dir! Niemand darf dir wehtun und niemand darf dich anfassen, wenn du es nicht möchtest. Das gilt ganz besonders für deinen *Penis*, deinen *Hodensack* und deinen *Po*. Auch ein Arzt muss dich fragen, bevor er deine *Geschlechtsorgane* anfasst und untersucht.

Drei Dinge kannst du tun, wenn jemand versucht, dich ‚dort unten' ohne deine Erlaubnis anzufassen oder dir weh zu tun: 1. laut schreien, 2. weglaufen, 3. Erwachsene zu Hilfe holen! Mit deinen Eltern kannst du im Rollenspiel üben, wie du dich im Notfall richtig verhältst.

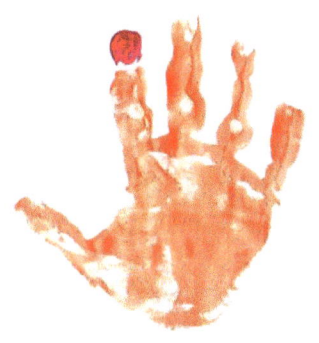

Beschneidung – Schnee von gestern!

Manche Jungen haben keine *Vorhaut*, so wie Benny oder Mehmet. Ihr *Penis* wurde beschnitten. Das Abschneiden der *Vorhaut* nennt man *Beschneidung*.

Nötig ist eine *Beschneidung* nur ganz selten, weil man die *Vorhaut* fast immer auch mit Salbe heilen kann, wenn sie entzündet oder verletzt ist.

Bei einigen Jungen ist die *Beschneidung* der *Vorhaut* ein Zeichen dafür, dass sie oder ihre Eltern auf eine bestimmte Weise an einen Gott glauben. Darüber reden Florian und sein Papa ab Seite 35.

Eichel – Schwammkopf mit oder ohne Mütze

Dein *Penis* hat ganz vorne ein kleines rosafarbiges oder violettes Köpfchen, das man *Eichel* nennt. Wenn sie noch ganz klein ist, versteckt sich die *Eichel* in der *Vorhaut*, ungefähr so wie ein Känguru-Baby im Beutel seiner Mama. Die *Eichel* ist sehr empfindlich und immer ein bisschen feucht, so wie deine Zunge im Mund. Deshalb wird sie von der *Vorhaut* umschlossen und geschützt. Du kannst die *Eichel* erst sehen, wenn sie groß genug ist und du deine *Vorhaut* zurückstreifen kannst. Manche Jungen können ihre *Eichel* also noch nicht sehen, weil sich ihre *Vorhaut* noch nicht zurückstreifen lässt. Andere Jungen können ihre *Vorhaut* schon zurückstreifen, so dass die *Eichel* dann „heraus schaut".

Bei beschnittenen Jungen ist die *Eichel* immer zu sehen, wenn sie nackt sind – so wie bei Benny und Mehmet.

Wenn dein *Penis* steif ist, wird die *Eichel* dicker und fester, weil sie sich mit Blut füllt wie ein Schwamm mit Wasser. Über die *Eichel* sprechen Florian und sein Papa ab Seite 26.

Erektion – wenn dein Penis Männchen macht

Eine *Erektion* hast du, wenn dein *Penis* steif wird und nach oben zeigt. Dabei wird Blut in den *Penis* gepresst, so dass er dicker, länger und ganz hart wird. Das ist so ähnlich wie das Aufpumpen eines Fahrradreifens. Je mehr Luft man hineinpumpt, umso härter wird der Reifen. *Erektionen* haben alle Jungen, manchmal am Tag, manchmal in der Nacht, meist aber morgens nach dem Aufwachen.

Die *Erektion* ist ein Zeichen dafür, dass der Junge und sein *Penis* gesund sind. Später ist die *Erektion* für den *Geschlechtsverkehr* nötig. Ab Seite 16 erklärt Florians Papa die *Erektion*.

Genitalien (Geschlechtsorgane) – Der kleine Unterschied

Als *Genitalien* oder äußere *Geschlechtsorgane* bezeichnet man bei Jungen und Männern die *Hoden* im *Hodensack* und den *Penis*. Mädchen und Frauen haben Schamlippen und eine Scheide oder Vagina. Das ist eine kleine Höhle zwischen ihren Beinen.

Geschlechtsverkehr – schönes Gefühl zu zweit

Beim *Geschlechtsverkehr* gleitet der steife *Penis* des Mannes in die Scheide der Frau. Florians Papa erklärt das ab Seite 20.

Wenn der Mann seinen *Penis* in der Scheide bewegt, entsteht ein wunderschönes Gefühl für beide und es fließen ein paar Tröpfchen *Samen* aus dem *Penis*. Weil das meist im Bett passiert, sagt man auch, dass Mann und Frau miteinander schlafen, obwohl sie dabei gar nicht schlafen.

Beim *Geschlechtsverkehr* kann aus dem *Samen* des Mannes und der Eizelle der Frau ein Baby entstehen. Wenn die beiden kein Baby haben möchten, müssen sie verhüten, z. B. indem der Mann eine kleine Gummitüte (ein Kondom) über seinen *Penis* zieht, die den *Samen* auffängt und ihn daran hindert, zur Eizelle zu kommen.

Hoden – Ei Ei Ei? Nein! Nur zwei!

Die beiden kleinen Murmeln im Säckchen zwischen deinen Beinen nennt man *Hoden*. Manche Jungs sagen auch einfach „Eier" dazu, weil die *Hoden* so aussehen und sich anfühlen wie kleine Eier.

Die *Hoden* erzeugen einen Saft, der dafür sorgt, dass Jungen zu Männern werden und etwa ab 12 Jahren eine tiefe Stimme, einen Bart, kräftige Muskeln und fast überall am Körper Haare bekommen. Auch der *Samen* entsteht in den *Hoden*.

Wenn deine *Hoden* wehtun oder ein ‚Ei' nicht im Säckchen ist, sage es bitte gleich deinen Eltern. Mehr über die *Hoden* findest du ab Seite 22.

Hodensack – Klimaanlage für die Eier!

Weil die *Hoden* nicht zu warm werden dürfen, befinden sie sich außerhalb des Körpers in einem kleinen Hautsäckchen. Ist es zu kalt für die *Hoden*, zieht sich dein *Hodensack* zusammen und wird ganz klein und eng, z. B. beim Baden im Freibad oder wenn du frierst. Auch wenn du krank bist oder Angst hast, zieht dein Säckchen die „Eier" ganz eng an den Körper. Wird es zu warm, dehnt sich das Säckchen aus und die *Hoden* baumeln locker und lustig zwischen deinen Beinen.

Ein *Hoden* liegt meist etwas tiefer im *Hodensack* als der andere und ist auch ein bisschen größer. Das ist ganz normal und schützt davor, dass die „Eier" beim Sitzen oder Gehen eingeklemmt werden.

Masturbation – schönes Gefühl allein

Masturbation heißt Selbstbefriedigung. Größere Jungen benutzen dafür auch andere Worte, z. B. onanieren, rubbeln oder wichsen. Viele Jungen lieben das schöne Gefühl, wenn sie ihren *Penis* streicheln, drücken oder reiben, vor allem, wenn er steif ist. Weil sie sich dann richtig zufrieden fühlen, nennt man dieses Spiel Selbstbefriedigung. Wenn du mit deinem *Penis* spielst, achte darauf, dass du allein bist, denn dein *Penis* gehört nur dir! Über *Masturbation* sprechen Florian und sein Papa auf den Seiten 16 und 17.

Nein sagen – Nein achten!

Manchmal spielen Kinder gemeinsam „Doktor" oder fassen sich „da unten" gegenseitig an. Das ist nicht schlimm. Achte aber darauf, dass du niemandem wehtust, denn du möchtest ja auch nicht, dass dir jemand weh tut. Wenn jemand dort nicht angefasst werden möchte, dann tue es bitte auch nicht, denn du möchtest auch nicht, dass man dich ohne deine Erlaubnis am *Penis*, am Säckchen oder am *Po* anfasst. Und auch du musst niemanden dort anfassen, wenn du das nicht möchtest. Du darfst immer *Nein* sagen – die anderen dürfen es aber auch!

Penis – Schwanz, Würstchen, Pimmel, Pullermann oder Charlie!

Der *Penis* ist der auffälligste Teil deiner *Geschlechtsorgane*. Er zeigt an, dass du ein Junge bist.

Außerdem dient er als Ausscheidungsorgan (Pullern, Wasser lassen) und zur Fortpflanzung. Was das bedeutet, erklärt Florians Papa auf Seite 21.

Der *Penis* besteht aus dem Penisschaft, der Harnröhre, der *Eichel*, der *Vorhaut* und dem *Vorhautbändchen*.

Phimose – total normal

Phimose ist ein anderes Wort für Vorhautverengung. Fast alle Jungen werden mit einer Vorhautverengung geboren. Außerdem ist ihre *Vorhaut* mit der *Eichel* verklebt. Das nennt man Vorhautverklebung. Die *Vorhaut* kann dann nicht zurückgestreift werden. Vorhautverengung und Vorhautverklebung gehen meist von selbst weg, manchmal schon mit 2 oder 3 Jahren, manchmal aber auch erst mit 10 oder 12 Jahren.

Du brauchst keine Angst zu haben, wenn sich deine *Vorhaut* noch nicht zurückstreifen lässt. Das ist ganz normal. Dadurch werden deine *Eichel* und die empfindliche Innenseite deiner *Vorhaut* geschützt. Wenn dir jedoch etwas weh tut oder sich immer wieder entzündet, kann dir der Kinderarzt eine Salbe verschreiben. Über *Phimose* unterhalten sich Florian und sein Papa ab Seite 30.

Po – no! no! no!

Der *Po* gehört zwar nicht zu den *Geschlechtsorganen*, trotzdem darf dich auch dort niemand ohne deine Erlaubnis anfassen.

Raphe – geheimnisvolle Linie

Die *Raphe* ist eine Linie an der Unterseite des *Penis*, die aussieht wie eine Naht. Sie reicht von der *Vorhaut* über den *Penis* und den *Hodensack* bis zum *Po*. Diese Linie entsteht vor der Geburt und ist ganz harmlos. Warum sie dort ist, erklärt Florians Papa ab Seite 24.

Samen – der Saft des Lebens

Der *Samen* oder das Sperma eines größeren Jungen oder eines Mannes entsteht in den *Hoden*. *Samen* ist eine Flüssigkeit, die so ähnlich aussieht wie Milch. Darin schwimmen viele winzige Samenfädchen, die so klein sind, dass man sie gar nicht sehen kann. Beim *Geschlechtsverkehr* kann aus einem Samenfädchen und einer Eizelle, die im Bauch der Frau wartet, ein Baby entstehen.

Kleine Jungen bis etwa 11 Jahre haben noch keinen *Samen*. Darüber redet Florian mit seinem Papa ab Seite 20.

Sex – wenn zwei sich sehr lieb haben!

Sex ist ein Wort, das du sicher schon oft von Erwachsenen oder größeren Kindern gehört hast. Miteinander *Sex* haben Erwachsene und Jugendliche, die sich besonders lieb haben. Es ist etwas sehr Schönes und bedeutet, sich am ganzen Körper und an den *Geschlechtsorganen* zu streicheln oder damit zu spielen oder *Geschlechtsverkehr* miteinander zu haben.

Vorhaut – kleine Mütze mit viel Gefühl

Zur *Vorhaut* gehört nicht nur der kleine Zipfel ganz vorne am *Penis*, sondern all die Haut, die bei nicht beschnittenen Jungen die *Eichel* umhüllt.

Die *Vorhaut* schützt die *Eichel* vor Verletzungen, Schmutz und unangenehmen Berührungen und sie sorgt dafür, dass die *Eichel* zart, feucht und empfindlich bleibt. Die Innenseite der *Vorhaut* ist genauso zart und empfindlich wie die *Eichel*.

Vorhaut und *Eichel* sind ein super Team. Sie schenken dir das schöne Gefühl, wenn du mit deinem *Penis* spielst. Beim Zurückziehen rollt sich die Innenseite der *Vorhaut* nach außen. Deshalb sieht dein *Penis* hinter der *Eichel* ganz rot aus, wenn die Haut zurückgezogen ist. Deine Eltern können dir das, wie Florians Papa, mit Hilfe eines Pullovers (Rollkragen), eines Ärmels oder eines Strumpfes zeigen, damit du es besser verstehst.

Beim Baden kannst du probieren, deine *Vorhaut* zurück zu ziehen. Dabei darfst du deinem *Penis* aber nicht wehtun. Sei also ganz vorsichtig! Wenn es nicht geht, ist das nicht schlimm. Irgendwann klappt es schon. Die *Vorhaut* erklärt Florians Papa ab Seite 26.

Vorhautbändchen – wie ein Gummiband für vergessliche Jungs

Das *Vorhautbändchen* (Frenulum) befindet sich an der Unterseite deiner *Eichel*. Du kannst es nur sehen, wenn du deine *Vorhaut* schon zurückstreifen kannst.

Das Bändchen sorgt dafür, dass du deine *Vorhaut* nicht aus Versehen zu weit zurück ziehst und es zieht die *Vorhaut* wie ein Gummi ganz von selbst immer wieder nach vorne (falls du es vergisst). Du hast noch ein zweites, ähnliches Bändchen an deinem Körper. Schau mal in den Spiegel und streck' die Zunge raus. Unter deiner Zunge ist genauso ein empfindliches Bändchen.

Vorhaut-Ballon – da geht was ab!

Bei manchen Jungen bläht sich die *Vorhaut* beim Pullern auf wie ein kleiner *Ballon*. Das ist ein Zeichen dafür, dass sich die Verklebung zwischen *Vorhaut* und *Eichel* löst und sich die *Vorhaut* schon bald zurückstreifen lässt.

Wenn dich das Aufblähen stört, wenn es weh tut oder einfach nicht wieder weggehen will, dann kann dir der Kinderarzt eine Salbe verschreiben, die deiner *Vorhaut* hilft, sich zu weiten und von der *Eichel* abzulösen.

Fragen?

Dann kannst du (gerne auch anonym) schreiben:

- an den Autor des Buches mario.lichtenheldt@gmx.de
- unter www.beschneidungsforum.de

Weitere Infos für Eltern und Jungs ab 12:

- Lichtenheldt, Mario, un-heil, Vorhaut, Phimose & Beschneidung, ISBN: 978-3-7345-8004-8 (Paperback), ISBN: 978-3-7345-8005-5, (Hardcover), ISBN: 978-3-7345-8006-2 (e-book),
- „Mann oh Mann", Berufsverband der Kinder– und Jugendärzte (BVKJ), Flyer für Jungen und Eltern, Dr. med. Bernhard Stier und Mario Lichtenheldt (kostenlos als PDF-Download: Kinderärzte im Netz/Mediathek / Broschüren und Informationsflyer)
- Webseite intaktiv e. V.: http://intaktiv.de

Bildnachweis

Titelbild:	Mario Lichtenheldt, privat
Seite 8:	© BVKJ, Dr. med. Wolfram Hartmann
Seite 13:	Christian Seidel / pixelio.de
Seite 16:	S. Hofschlaeger / pixelio.de
Seite 19:	tobabi / pixelio.de
Seite 22:	© BVKJ, Dr. med. Wolfram Hartmann
Seite 25:	Rainer Sturm / pixelio.de (Bildausschnitt)
Seite 26:	knipseline / pixelio.de
Seite 31:	Angelika Koch-Schmid / pixelio.de
Seite 38:	Stephanie Hofschlaeger / pixelio.de
Seite 40:	Rainer Sturm / pixelio.de
Seite 43:	Mario Lichtenheldt, privat